成功法則は科学的に証明できるのか？

Is It Possible to Prove The Law of Success Scientifically?

工学博士 奥 健夫 Takeo Oku

SOGO HOREI PUBLISHING CO., LTD

プロローグ　成功法則で本当に成功するのか

◆なぜ信じられにくいのか

世の中には、成功法則や願望実現の方法が、昔から数多く紹介されています。

たとえば、**「イメージすれば望みはかなう!」**とか**「思考は現実化する」**など……。

ほんとに、そんなことおこるのかなあ?

何かあやしい……。そんなに簡単にいけば、だれも苦労しないよ。みんなお金持ちになりたいと思えば、みんななるはずじゃないか。でも現実はそうなっていないよ……。そう、思っている方も多いことでしょう。

はじめは、私もそう思っていました。

でも自分の体験や、まわりの人たちを見ていると、どうやら**これらの法則や方法は、本当らしい**ということがわかってきました。


なぜ、なかなか信じられないのでしょうか。

多くの人は、現代科学を信じやすいと思います。学校で教わったことは、その通りだと思っているのですね。そしてそれ以外のことは、あまり信じようとしません。

でも、**現代科学は完全ではありません。わかっていることはごく一部**なのです。

◆現代科学はどこまで進んでいるのか

科学の世界では、新しい未知の物質が次々と発見されています。

その新しい物質の原子の並び方を電子顕微鏡で見るのが、私の仕事です。

また、光や物質から電気エネルギーを作り出す仕事もしています。

電子顕微鏡とは、高さ10ｍくらいの非常に大きな装置です。

最近よく聞かれる、**ナノテクノロジー**という分野です。もう22年以上、この仕事を続けています。


次ページの写真は、高温超伝導体の電子顕微鏡写真です。地上の太陽と呼ばれる核融合炉やリニアモーターカーへの応用が期待されている物質です。

写真の中の黒い丸の一つひとつが**原子**です。

電子顕微鏡で、原子一個一個が直接見えるのです。

皆さんのからだも、もちろん原子が並んでできています。

超伝導体の高分解能電子顕微鏡写真

人間のすべての遺伝情報は、ＤＮＡにあります。

次ページは、そのＤＮＡの二重らせん構造のモデルです。

ＤＮＡは、炭素や酸素や窒素などの原子が並んでできています。

人間のＤＮＡの中の原子配列も、すべて明らかになりました。

もうそこまで生命科学は進んできているのです。


しかしここまできて、はたと立ち止まってしまいます。

原子が集まって、生命ができるということ。

さらに**もっと原子が集まって、心が生まれる**ということ。

物理学から見ると、あまりにも不思議すぎるのですね。


なぜ、原子が自然に集まって、生命や心が生まれるのでしょう。物理学から見たら、

「奇跡的」な出来事です。

わかりやすく言うと、地面の土が勝手に動き出して、１００階建てのビルがひとりでに出来上がるようなものなのです。信じられないことですね……。

Is It Possible to Prove The Law of Success Scientifically?

ＤＮＡの原子配列

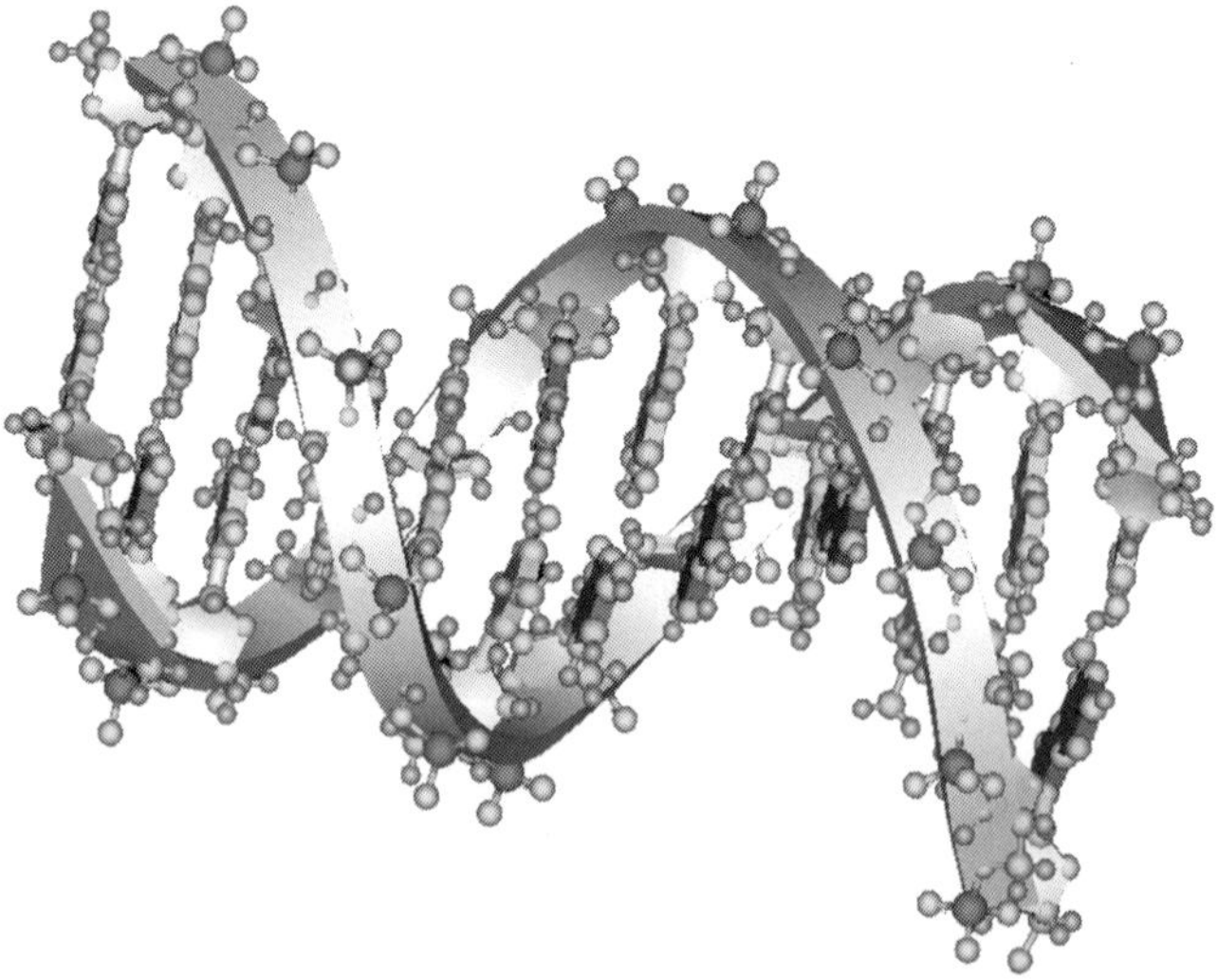

◆「心と宇宙」にいきつくノーベル賞受賞者

抗体生成の遺伝的原理の研究によってノーベル生理学・医学賞を受賞した利根川進氏、半導体のトンネル効果の研究によってノーベル物理学賞を受賞した江崎玲於奈氏によれば、21世紀最大の課題は、「心・生命と宇宙の解明」とのことです。**多くのノーベル賞受賞者たちとの議論の中でも、最終的には「心と宇宙」にいきつく**そうです。

最近私は、ケンブリッジ大学キャベンディッシュ研究所で研究する機会を与えられました。このキャベンディッシュ研究所は、3階建ての本当に小さな研究所なのですが、今までに**29人のノーベル賞を出しています**。

日本の科学分野のノーベル賞受賞者を、すべてあわせても12人しかいないことを考えると、驚いてしまいます。

先ほどのDNAの二重らせん構造も、ここで発見されました。

そこで机を並べて、毎日私を指導してくれたのは、ブライアン・ジョセフソン教授です。

彼は超伝導の量子論的研究により、33歳の若さでノーベル物理学賞を受賞しました。そして量子論を深く研究し、生命・心との関係にまで踏み込むようになりました。

彼だけではなく、他の多くのノーベル賞受賞者達もこのような方向に進んでいます。前述の利根川氏も現在、アメリカのマサチューセッツ工科大学で、心の解明を目指しています。

しかしこれだけ多くの研究者が取り組み、科学や文明が進んでも、「心」はわからないことだらけなのです。

◆科学的観点から夢実現

さて、**カーネギー、ナポレオン・ヒル博士、チョプラ博士、ヨガナンダ**など、他にも数多くの人たちが、成功するための法則を語ってきました。
そして、それを素直に信じて実行し、多くの人たちが成功してきました。
逆に、科学で説明できないからと言って、疑ってきた人たちもいます。
いったいどちらが本当なのでしょうか？
本書では、成功法則と呼ばれるものの中で、特に重要だと思われるものを選びました。

●イメージの法則……すべては心の中のイメージから始まる
●焦点の法則……心が一点に集中すると現実化する
●必然の法則……自分がおこした心の波は正確に自分に返ってくる
●時間の波の法則……心が重なり意味ある偶然の一致がおこる
●共鳴の法則……同じ心の波は集まりやすくさらに強く共鳴する
●宇宙一致の法則……宇宙はもともと一つですべてつながっている

これらの法則には、ある大きな共通点があることに気づきます。

それは、**「心のエネルギー」そして「つながり」**ということです。

これらの法則を全部まとめて、**「心の法則」**と言ってもいいでしょう。


しかし、なぜこれらの法則は、誰にでもあてはまる「科学」として、広く一般に受け入れられていないのでしょうか。

それは、実は「心」というものは、現代の科学では完全に解明されていないからなのです。

科学では完全に解明されていない、心をもとにした法則なのですが、本書では**仮説も含めながら、可能な限り科学的観点から見ていきます**。


第一章では、脳から原子、そして量子へと、現代科学的観点から、心を見ていきます。**そして心のエネルギーがどのように物質化・現実化していくのか**を、心と量子の科学から見ていきたいと思います。

第二章では、先ほどあげた**6つの重要な成功法則**を、この心のエネルギーの科学から見ていきます。

そして第三章では、これらをもとに、**夢を実現するための効果的な秘訣**をご紹介いたします。

成功法則は科学的に証明できるのか？ ◆ 目次

第二章　物理学から成功法則を読み解く

第三章　効果的な夢実現の実践方法

第一章

「心」を科学する― 量子から見た心と現実世界

Is It Possible to Prove The Law of Success Scientifically?

心と光と物質

◆心のエネルギー

心は、エネルギーをもっている。

このことには、多くの人がうなずくのではないでしょうか。

心がエネルギーに満ちあふれていると、うきうきした気分になりますね。

はっきりと目に見えるものではありませんが、「心のエネルギー」というものがあることは、皆さんも実感していると思います。

このエネルギーとは、いったい何なのでしょうか。

心のエネルギーは、物理学のエネルギーと同じものなのでしょうか？

このことを考えるために、まず心と原子について見ていきましょう。

◆原子を並べれば心はできるのか？

現代の生命科学は、物質的な考え方に基づいています。人間の原子配列を解明し、そのとおりに原子を並べれば、心・生命が生まれる、という考え方です。

つまり、ある人と同じように原子を並べて、「人間」を作製すると、もとの人と同じ「心」をもつことになるというのです。

はたして、本当にそうでしょうか。

このように**原子を並べただけで、「生命」が生まれるのでしょうか？**

さらに、**「心」を作り出すことができるのでしょうか？**

これだけ科学が発展していますが、試験管の中で生命を生み出すことはできていません。

これは、単なる技術的難しさではないように思います。

現代科学では解明されていない、未知の原理がありそうです。

現在の脳科学では、二つの考え方に分かれています。

① 分子生物学をきわめれば人間の心もすべて解明できる、という説

② 細胞や分子をいくらいじっても人間の心は解明できない、という説

物質レベルでは解明できない「何か」が、心にはありそうですね。

◆心から物質に変わる瞬間は「ブラックボックス」

心の研究には、3つの大きな流れがあります。

第1は、「心と行動を科学的に調べる」心理学的な方向です。
第2は認知科学で、「心を情報処理の観点から研究する」分野です。
第3は、「分子レベルで脳細胞の変化を見る」神経科学的な方法です。

この中で、第3の流れの一つである、アーネスト・ロッシなどによる精神生物学の分野を見てみましょう。

心は大脳辺縁系―視床下部あたりにあり、ここで**心の状態が微量伝達物質（ホルモン）に変わる**と言われています。

そしてその伝達物質は、内分泌系から細胞、遺伝子、DNAにまで到達します。そして、DNAのはたらきに影響を及ぼします。

伝達物質からDNAまでの変化は、かなり詳しく調べられています。

ところが、**心から物質へ変わる瞬間は、心そのものが科学的に完全に解明されていないので、最初から「ブラックボックス」**として取り扱っています。

このように、心は現代科学においても最大の謎と言えるでしょう。

◆量子脳理論による「心の正体」の仮説

先ほど心の研究の流れでご紹介したように、現在心の研究では、心理学、認知科学、神経科学などが、主流になっています。

しかしこれらの研究は、心の本質的な解明にはいたっていません。

これらとは別に、心の研究の第4の流れとして、**量子脳理論**があります。

脳細胞の原子に、量子力学をあてはめ、心を調べる理論です。

一つの面白い結論が出ています。

脳細胞の中で、水分子がコヒーレントになり特殊な光が出ているというものです。

量子論によると、すべての原子は、粒子と波動と、両方の性質をもっています。

水の分子も水素と酸素の原子からできていて、これらは波のようにゆらゆらとゆれる波動の性質ももっているのです。

コヒーレントとは、**波動の「波の長さ」と「位相（波が始まる位置）」が全部そろった状態**です。波の長さは、波のエネルギーにかかわっています。

これを図で書くとこのようになり、波がそろった状態がコヒーレントで、波がばらばらの状態をインコヒーレントと言います。

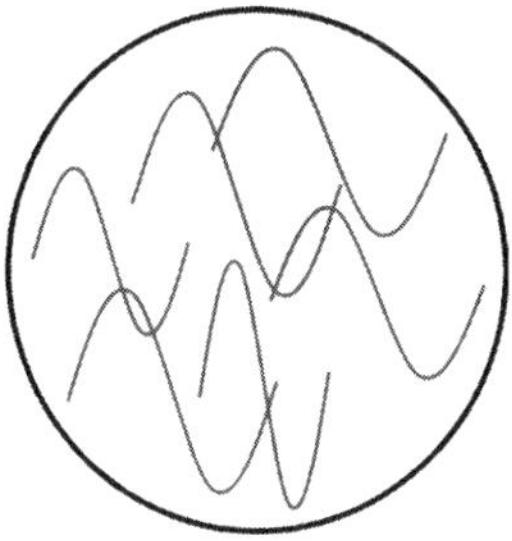

インコヒーレント

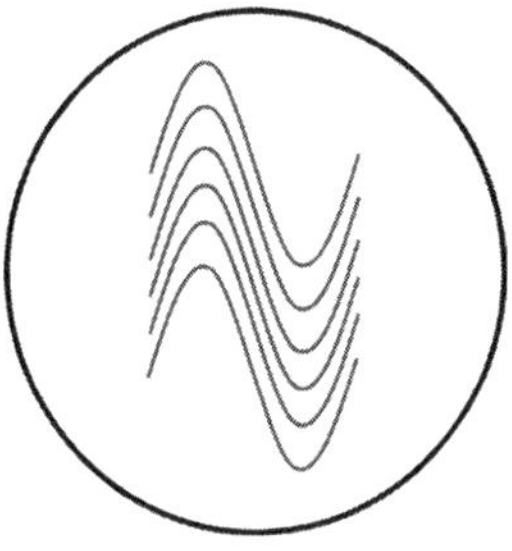

コヒーレント

海の波も同時に波がおこると、お互いに強めあって、大きな高い波になります。地震の直後におこる津波がその一例です。

でも、波が時間的に（位置的に）ずれてばらばらにおこると、お互いに強めあうことはないので、それほど高い波はおこりません。

さて量子脳理論から、**脳細胞の水分子の波動がコヒーレントになり、コヒーレントな光の集合体があらわれる**という結論が得られました。

ふつう、コヒーレントな状態は低温でしかおこりません。

しかし理論計算から、ちょうど体温くらいでもコヒーレントな光の集合体があらわれるというのです。

そして、この**波のそろったコヒーレントな光の集合体が「心の正体」**だ、という説も出されています。

さらに、**光の最も重要な保存場所はＤＮＡである**、という報告もあります。

このように光は、人間の心や生命に大きくかかわっているのかもしれません。

光の物質化

◆人間のエネルギーとは

エネルギーや光は、物質に変換できます。

これを発見したのが、アインシュタインです。

「相対性理論」という理論です。

式はとても簡単です。

$$E = mc^2$$

Eはエネルギーで、単位はJ（ジュール）です。

mは重さkgで、私たちの場合では、体重となります。

cは光の速さで、一秒間に光が進む距離で30万km、つまり3×10^8m/s（メートル毎秒）です。

つまり物質的に見たら、ある人のエネルギーは、「体重に光の速さを2回かけたもの」になるのです。

ということは、体重が重いほど、その人のエネルギーが大きいということになりますね。確かに、お相撲さんには、圧倒されるような迫力があります。

でも**体は小さくても、独特の迫力をもっている人もいます**。

その人は、物質的なエネルギーではない別のエネルギー、つまり**心のエネルギーをもっているのかもしれません**。

そして心は、波のような性質をもっているようです。

◆太陽はどのように燃えているのか

私たちの命の源である太陽は、約50億年も燃え続けてきました。あと50億年は、燃え続けると言われています。


太陽は、水素原子同士が融合する、核融合で光っています。

太陽では、水素原子核4つが融合し、ヘリウム原子ができます。この時、水素を4個足したものより、ヘリウムはわずかに重さが減ります。

この減った重さが$E=mc^2$で、大きなエネルギー・光となるのです。


また原子力発電も、ウランの核分裂を利用しています。

核分裂や核融合では、原子の一部が光にかわるのです。

◆振動数が大きいとエネルギーは高い

光は、波の性質ももっています。
携帯電話の電波も、光の波の一種です。

きれいな虹が見えるのも、光の波の性質によるものです。
光の周波数が高いと紫色に見え、さらに高くなると紫外線になります。
光の周波数が低いと赤色となり、さらに低いのが赤外線です。

このように、光の波には周波数があります。
振動数とも言い、一秒間にゆらゆらとゆれている回数です。
この光の波のエネルギーは、次の式のようになります。

$$E = h\nu$$

Eはエネルギーです。

hはプランク定数といい、6.6×10^{-34}（J・s）という値です。

ν（ニュー）が振動数で、Hz（ヘルツ）という単位です。一秒間に、何回波が振動しているかを示します。


この式から、**振動数が大きければ大きいほど、エネルギーが高い**ということになります。

心の波にも、このようなシンプルな関係がありそうです。

◆光のままではいられない

さて、私たちの住んでいる宇宙で、一番強い光は何でしょうか？

今までに見つかっているのは、**ガンマ線バースト**です。

これは宇宙最大の爆発現象で、現在までに発見されている最も高いエネルギー（10^{-5}

J）をもつ光です。

それより高いエネルギーの光はないのでしょうか？　たとえば、私たちのからだを考えてみましょう。

体重が50kgとすると、エネルギーは$E=mc^2$から、約10^{18}Jとなります。つまり私たちのからだをすべて一つの光に変えれば、10^{18}Jとなるのです。

宇宙最強の光よりはるかに高いエネルギーですね！

でも、実際には光に変えられません。

なぜでしょうか。

実は私たちの宇宙では、そんな**大きなエネルギーをもつ光は、光のままでいることができない**のです。

あまりにエネルギーが大きすぎて、その光は**物質に変わってしまう**のです。

◆光から人間を作ることは可能か

ポール・ディラクが、この**光の物質化現象**を理論的に予言しました。

光が、電子と陽電子になるという仮説を導き出したのです。

そしてカール・アンダーソンが実験で陽電子を実際に発見し、光の物質化を証明したのです。二人ともノーベル物理学賞を受賞しました。

1996年には、ヨーロッパ素粒子物理学研究所で、光から水素原子と反水素原子を生み出すことに成功しています。

体の70%は、水からできていますが、水分子は、水素原子2個と酸素原子1個からできています。

またDNAやたんぱく質にも、多くの水素原子が含まれています。

つまり、光から**人間のからだの一部の原子を作り出すことが可能**になったのです。

◆心の物質化に必要なこと

心のエネルギーは、簡単には物質化しません。

なぜでしょうか。

それは、**心のエネルギーの密度が低いため**と思われます。

もし、**心のエネルギーを、高い密度にしぼり込める人であれば、即座に物質化現象をおこすことができそう**です。


でもほとんどの人は、そこまで心のエネルギーをしぼり込むことはできません。

低いエネルギー密度で、何とか物質化をおこそうとします。

そのため、エネルギーをため込むのに時間が必要です。


同時にまた、何らかの量子的つながりで、周囲に心のエネルギーの情報が伝わっていきます。

そのように、直接の物質化現象は難しいのですが、間接的な影響も周囲に与えながら、物質化が進行していくのです。

物質とエネルギー

◆ヒッグス粒子が質量を与える

物質とは、ある**特定の空間に存在するエネルギー**です。

そのエネルギー密度がある程度以上のものを、物質と呼ぶのです。

現在、物理学では、「素粒子標準理論」が基本になっています。

この理論では、物質のもととなる素粒子は、もともと質量をもたず光の速さで動きます。

光の速さで進んでいますから、時間は進みません。

その周囲では、**過去から未来までの時間が過ぎています。**

しかし真空には、**「ヒッグス粒子」**という、素粒子標準理論で予言されている粒子が満ちています。物質のもととなる素粒子が光の速さで動こうとすると、ヒッグス粒子がぶつかって抵抗となり、**物質が進むのが遅くなり、重さをもつ**ようになるのです。

このヒッグス粒子のおかげで、皆さんにも体重があるのです。

もしこのヒッグス粒子がなければ、皆さんは光速のエネルギーだけの存在になります。そして、この世界から見れば、過去から未来までを自由に行き来できることになるでしょう。

このヒッグス粒子の理論は完成しているのですが、まだ実験では発見されていません。いま多くの科学者たちが、このヒッグス粒子を見つけようとしています。

スイスとフランスの国境に、ＬＨＣという装置があります。長さ27㎞の世界最大の粒子加速器です。14年間約1兆円かけて、２００８年9月に完成しました。

ここで、ヒッグス粒子が発見されるのでは、と言われています。

この装置では他にも、小さなブラックホールを作ってみたり、宇宙の誕生の状態を作ってみたりと、一万人の科学者たちがかかわり、ノーベル賞級の発見が相次ぐと期待されています。

◆原子は空っぽ

最初に述べたように、原子は電子顕微鏡で見ることができます。電子顕微鏡で見ると、黒い丸が並んでいるように見えます。

原子の中心部分には、**原子核**があります。その原子核を中心として、電子がその周囲に存在しています。

この様子は、太陽を中心として回る地球のように、原子核を中心として電子が回っているように描かれます。

しかし実際には、不確定性原理と言い、**雲のようにぼんやりと電子が存在**しています。

原子の大きさは10^{-10}mですが、中心部の原子核は10^{-15}mなので、大部分空っぽです。

そして、周囲に電子の雲がぼんやりと存在しているだけなのです。


この中心部の原子核は、陽子と中性子からできています。

陽子と中性子は、さらにクォークからできていて、その先には、超弦（超ひも）があるとも言われています。

超弦の存在はまだ証明されていませんので、ここではわかりやすく考えるために、陽子や中性子のレベルで考えてみましょう。

◆原子核とは

原子核を構成する陽子の大きさは、約1.2×10^{-15}mです。

また陽子の重さは、約1.7×10^{-24}gです。

ここから陽子の形を球と仮定すると、密度は約10^{17}kg／㎥となります。

私たちの身の回りにある普通の原子（原子核＋電子）の密度は、水などは10^3kg／㎥で、鉄でも10^4kg／㎥以下です。

つまり、原子の大部分は、**中心にある原子核でその重さが決まっている**のです。しかし原子は、周囲に電子があるので、原子核よりはるかに大きくなり、結果として、原子は大部分が空洞のような感じになります。

甲子園球場が原子の大きさとすると、原子核の大きさは米つぶくらいで、原子の重さは、その米つぶくらいの原子核で決まります。

◆原子核のエネルギー密度

原子核だけの密度を考えてみると先に述べたように、約10^{17}kg／㎥となります。

この密度を、エネルギーに変換してみましょう。$E=mc^2$の式のmのところに、右記の密度を入れてみます。

cは光の速さで、3×10^8m/sでしたから、Eは約10^{34}J／㎥（$=10^{25}$J／㎥）となります。

この10^{25}J／㎣の高いエネルギー密度があれば、エネルギーが物質化するものと考えられます。

これだけの高いエネルギー密度を作るのは大変です。

たとえ大きなエネルギーを作り出せても、それを**一点に集中させなければならない**からです。

私たちの宇宙で、これだけ高いエネルギー密度をもつものは、ほとんどありません。

というのも普通は、この原子核の周囲に電子があって、密度が小さくなっているからです。

ただ、ブラックホールや中性子星などでは、これに近い密度になっています。

もし、心のエネルギーを、これだけのエネルギー密度でしぼり込める人がいれば、物質化現象も可能になりそうです。

◆プラスとマイナスのエネルギー

私たちの**宇宙は、プラスのエネルギーでできています**。マイナスのエネルギーは非常に不安定で、自然界にはほとんど存在しません。

マイナスのエネルギーは、別名「反物質」「反粒子」とも呼ばれ、37ページで述べたＬＨＣなどの粒子加速器の中で生み出されますが、非常に短い時間で、物質と結合し光になってしまいます。

ところが量子レベルで見ると、宇宙のどこにでも、マイナスのエネルギーがあらわれています。

不確定性原理から、なにもない空間（真空）にも、「ゆらぎ」があり振動していて、ゼロ点エネルギーと呼ばれる非常に小さなエネルギーをもちます。

そして常に、ゼロ点エネルギーの空間から、**プラスとマイナスのエネルギー（粒子と反粒子）が対になってあらわれてきます**。

ただ非常に短い時間で、そのプラスとマイナスのエネルギーは、再び合体して、ゼロ点エネルギーに戻ってしまうのです。

その時間とサイズがあまりにも小さすぎるために、ふつうはマイナスのエネルギーを検出できません。

ただ間接的には、２枚の金属板の間にあるマイナスのエネルギーによって金属板同士が引き合うカシミール効果によって見つかっています。

強力な心のエネルギーが、真空のプラスとマイナスのエネルギーゆらぎに、はたらきかけるとしましょう。

すると、その心のエネルギーのはたらきで、私たちの世界にプラスかマイナスのエネルギーがあらわれる可能性があります。

全宇宙のエネルギー

◆物質化していない未知のエネルギー

次の写真は、2008年に、アメリカの航空宇宙局（NASA）が、発表したデータで、**137億年前の宇宙**を示す写真です。人工衛星から、宇宙温度や光を観測したものです。

この写真から、宇宙の始まりである「ビッグバン」の名残が見つかりました。**宇宙には本当に、ビッグバンがあった**ようなのです。

このもととなる写真を撮影したマザーとスムートは、2006年のノーベル物理学賞を受賞しました。

137 億年前の宇宙（宇宙誕生から 38 万年後）を示す写真
http://map.gsfc.nasa.gov

この観測結果から、宇宙全体のエネルギーが計算できます。

その結果は、驚くべきものでした。宇宙全部のエネルギーのうち、私たちが知っているのは、わずか4.6％だったのです。

その4.6％とは、物質と星などの光です。

そして、宇宙エネルギーの**23％が、「ダークマター」と呼ばれる未知の粒子**でした。

さらに残り**72％は「ダークエネルギー」と呼ばれる、まったく未知のエネルギー**です。

つまり**宇宙には、物質化していない未知のエネルギーが95％もある**のです。

これは、21世紀における宇宙物理学の最大の謎となっています。

◆宇宙に遍満するダークエネルギー

ダークエネルギーは、１９９８年に超新星の観測から発見されました。

宇宙全体にくまなく存在しているエネルギーです。

あなたのそばにも、そして体内にも存在しています。

ダークエネルギーの候補の一つとして、アインシュタインが予言した**宇宙項**があります。

宇宙項は、アインシュタインが、質量とエネルギーと時間と空間を結びつけて導きだした**アインシュタイン方程式**の中にあらわれます。

この宇宙項は、**負の圧力・反重力**というユニークな性質をもっています。

この反重力を示す宇宙項が、ダークエネルギーの候補の一つと言われています。

ダークマターは、コヒーレントである可能性が理論的に指摘されています。

さらにダークエネルギーの正体はまだわかっていませんが、これもコヒーレントな状態にあるかもしれません。

これらのエネルギーは、**心のエネルギーともコヒーレントになり、物質化現象にも大きくかかわってくるのかもしれません**。

アインシュタイン方程式

$$R_{\mu\nu}-\frac{1}{2}Rg_{\mu\nu}+\boxed{\Lambda g_{\mu\nu}}=\frac{8\pi G}{c^4}T_{\mu\nu}$$

宇宙項

（ダークエネルギーの候補の一つ）

量子の不思議

◆最小のエネルギー、量子

物理学には、相対性理論の他に、もう一つ重要な理論があります。プランクが発見した**量子論**です。プランクは、プランク定数を発見した人で、ノーベル賞となっています。

量子とは、物理量の最小単位です。

私たちの日常生活では、エネルギーや時間や距離などは滑らかです。時間をどんどん短くしてみましょう。

いくら小さくしても、最小の値があるようには思えません。

ところが、**一番短い時間**が発見されたのです。

10^{-44}秒という非常に短い時間です。


長さも同様に、どんどん短くしてみましょう。

いくら小さくしても、きりがないように思えます。

しかし長さにも、**10^{-35}mという最小の長さ**が見つかりました。


これらは、時間の量子、長さの量子なのです。

私たちの宇宙では、これより短い時間や長さは、考えることができないのです。

これは**不確定性原理**と呼ばれ、この原理を発見したハイゼンベルグは、ノーベル賞を受賞しています。

◆観察する人がいて物質化する？

量子論は、私たちの生活にとても役立ってきました。

パソコンや携帯電話にも、量子論が使われています。

これだけ現代科学に貢献している量子論ですが、実際には未解明のブラックボックスが二つあります。


第1のブラックボックスは、**観測問題**と呼ばれるものです。

今までの物理学には、意識や心というものはまったく入るすきがなく、物理学から完全にとり除かれていました。

ところが**量子論の発見とともに、意識や心が、物理学に入ってきた**のです。


量子論が発見された当初は、この重大なことには誰も気づきませんでした。

しかし量子論の研究が深まるにつれて、はっきりとしてきたのです。

量子論では、**「観測」**ということを考えます。

ここには**「意識」という考え方**が、必ず入ってきます。

誰かが観測を行わなければ、私たちの世界のような、はっきりした物質世界があらわれません。


量子状態と呼ばれる、ぼんやりした状態のままなのです。

観測すると初めて、私たちがいつも感じている物質的な世界になるのです。

◆太陽はほんとうにあるのか？

私たちが観察すると、ぼんやりした量子がはっきりとして、物質があらわれる。

そうなると、太陽はどうなるのでしょうか。

私たちが見る前は、ぼんやりした状態にあり、見た瞬間に太陽としてあらわれる……。地球から、**誰かが太陽を見ているから、存在している。**

私たちの日常の感覚からは、信じがたいですね。

それでは、誰も太陽を見ていない時には、どうなるのでしょうか。

ぼんやりしたままで、物質として存在しないのでしょうか。

量子の本当の姿は、ものというよりもアイデア、つまり心に近いもので、宇宙全体がつながりあっているのです。

太陽も、量子状態の情報として、ぼんやりとした状態で存在し、進化しているものと思われます。

◆宇宙に広がるつながり――非局在性

量子論には、もう一つ**「非局在性」**という非常に大きな発見がありました。

これは量子論でも解明されていない、第2のブラックボックスです。

非局在性をわかりやすい言葉で言えば、**「距離に関係なくつながっている」**ということです。

そのつながりが全宇宙にまで広がっていて、たとえ宇宙の端と端でも、そのつながりが可能です。

そしてそのつながった状態を、**量子エンタングルメント**と呼びます。

例えば、二つの粒子のうちの一つの粒子の物理的測定が、もう一つの粒子の状態を自動的に決めるということです。

光の速さで届かない距離でも、このようなことがおこります。

光の速さを超えているということで、相対性理論に合わないことになってしまいます。

アインシュタインとその共同研究者たちも、この奇妙な現象に理論的な面から気づいていました。そしてこれを**「薄気味悪い遠隔作用」**と呼んでいたのです。

この非局在性は、ジョン・ベルにより理論的に説明され、アスペたちによって実験的に証明されました。

しかしながら、どのようにして非局在性がおこるのかは、いまだに明らかになっていないのです。

◆心と物質のつながり

このような非局在性は、**生命や心の性質にとても似ています**。

たとえば、体は60兆個の細胞からできていますが、これらの細胞はお互いにつながりあっています。

単に、神経の電気信号の伝達で説明できるものではありません。むしろ量子的なつながりをもっているように思われます。

２００１年のノーベル賞は、ボース・アインシュタイン凝縮体でした。原子の量子状態がみんな同じになり（コヒーレント）、あたかも一つの巨大な原子としてふるまうのです。

巨視的量子凝縮体とも言いますが、生命体は、この巨視的量子凝縮体に、とても似た性質をもっています。

心が、量子的な非局在性をもつとしましょう。

そうすると、**心と心、もしくは心と物質の間での、非局在的なつながりが可能**ということになります。

そのつながりは、量子論で説明が可能になってくるのです。

このように心というものは、物理学では物質的なものではなく、**ぼんやりした可能性**として、とらえられます。

観察することで、間接的にその様子を知ることができます。

心と物質の情報

◆人間は水でできている

これまで、心のエネルギーの話をしてきました。

ここではさらに、情報という観点から、心を見てみたいと思います。

人体は大部分、水でできています。

生まれたばかりのあかちゃんでは、8割近くが水分です。

大きくなるに従って、7割になります。そしてだんだんと水以外の割合が増えていき、成人男性では6割になります。

毎日、大量の水がからだに入り、老廃物とともに出ていきます。人間のからだの中身は、**毎日かなり入れ替わっている**のです。

お米を食べれば、その産地から運ばれてきた原子を食べることになります。果物も、その産地からきた原子を食べているのです。

さらに、水や空気も取り込まれていきます。

海外旅行をすれば、別の国の空気に含まれる酸素原子を取り込み、水分子（酸素と水素の原子）を取り込んでいるのです。

水は、からだのさまざまな組織とどんどん入れ替わります。

筋肉の一部や骨になるものもあります。

さらには、脳の一部にもなっています。

そして**1年後には、もとのからだの原子の98%は消えています。**

7年後には、ほぼ完全に原子が入れ替わっています。

物質的には、「完全に別人」なのです。

◆脳物質は毎日入れ替わっている

私たちの**脳は、8割以上が水分なので、毎日、脳の中身が入れ替わっている**ようなものです。

脳内物質が私たちの記憶だとすれば、水は毎日入れ替わっていますから、それこそどんどん記憶がなくなっていってしまいます。

水分以外の分子だとしても、その分子を入れれば、記憶を植えつけることが可能ということになってしまいます。

脳内物質は、1年たつと原子レベルではほぼ入れ替わっているのに、実際には、私たちの意識はほとんど変わりません。

脳の中の原子の配列が、「心」を生み出すという考えには、ちょっと無理がありそうです。それでは、「心」はどのようにして生み出されるのでしょうか。

脳という「場」に入ってきた原子が整然と並び、さまざまな役割を果たしています。

その「場」には、何らかの「情報」が存在しなければなりません。

どこにそんな情報があるのでしょうか。

ある種の情報がその空間にあり、コヒーレントな水に働きかけているのかもしれません。そしてそれを、私たちが「心」と感じているのかもしれません。

◆ホログラムの全体性

宇宙は、無数の量子からできています。

一つひとつの量子状態は、ぼんやりした雲のような可能性です。

この量子の雲を全体的に考えるには、**ホログラム**が適しています。

ホログラムはもともと、**平面の中から立体的な像が見える技術**で、発明者のガボールはノーベル賞を受賞しています。

身近な例では、一万円札の左下にホログラムが印刷されています。

ホログラムには、二つの大きな特徴があります。

第1は、**「平面の中に立体の情報がある」**、つまり**次元を一つ落として記録できる**ということです。

第2の特徴は、**「部分が全体の情報をもっている」**ということです。

記録したホログラムを再生すると、一部分でも全体的な情報が浮かび上がってきます。映画のDVDの一部を再生したら、映画全体のストーリーが同時に見えてしまうようなものです。

ただ情報が少なくなりますので、ぼんやりしたイメージになります。でも**ぼんやりとしていながら、全体像は一瞬で再生される**のです。

◆すべての情報が記載されている「宇宙ホログラム」

この普通のホログラムを、**量子レベルから宇宙全体にまで拡大**した人がいます。

1999年にノーベル物理学賞を受賞したトフーフトです。

（ちなみに2008年7月のノーベル賞受賞者会議で、トフーフト、ジョセフソン、オシュロフ、グラウバーらが、「宇宙における人間性」というユニークなタイトルで講演しました）

トフーフトは、1993年にホログラフィック宇宙原理を提案しました。

この原理によれば、**宇宙全部の量子情報が一枚のホログラムに記録**されています。しかも宇宙空間全部の情報だけではなく、**時間の情報、つまり過去から未来まで、すべての情報が記録されている**のです。

私たちの宇宙は、3次元の空間に時間を加えた4次元時空間です。

相対性理論では、時間と空間を一緒にして**「時空連続体」**と呼びます。

この時空連続体のすべての量子情報が、**3次元境界面にホログラムとして記録**されています。

この「3次元境界ホログラム」は、まだ理論的には解明されていません。概念だけの提案になっています。

◆全宇宙のデータバンク

「全宇宙空間の過去から未来までの全部の情報」。

このような話を聞くと、**「アカシックレコード」**と呼ばれるものを、思いつく方もおられるかもしれません。

アカシックレコードとは、**宇宙に存在すると言われる、過去から未来までの、すべての人間の意識が記録されているデータバンク**です。

ある一部の人々が、このアカシックレコードにアクセスし、過去や未来の情報を引き出すことができると言われています。

また、自分の人生の意味がわかるとも言われています。

アカシックレコードにアクセスし、世に伝えてきた預言者もいるようです。

宇宙の年齢は、１３７億年と言われています。

しかし**宇宙の中の光にとっては、まったく時間が進んでいません。**

その光の周囲では、過去から未来まで永遠の時間が過ぎているのです。

もし人間の心が光のような性質をもつならば、同様の現象がおこるのかもしれません。

◆膨大な量子情報

もちろん科学の世界では、アカシックレコードのような考え方は、受け入れられていません。

ここでは、**3次元境界ホログラム**として続けたいと思います。

ホログラフィック原理によると、真空で何もないように見える空間に、物質の情報の20桁以上という、桁違いの多くの情報があります。

これは、常識から考えると、奇妙に思えます。

つまり物質が存在していれば、多くの情報があるように感じます。

ところが、それより**はるかに膨大な情報が、真空に存在している**というのです。

ホログラムと心

◆心と情報

人間の「心」を考えてみましょう。

量子論では、**心（意識）は、可能性を現実に変えていく役割**をもちます。

そしてこの**心は、「情報」としてとらえることができます。**

そして全宇宙空間・全時間の情報が存在するのが、3次元境界ホログラムです。

このように考えてくると、この**3次元境界ホログラムに、人間の心が情報として記録されている**ことになります。

現在知られている物理学の範囲内では、これが心を説明する限界と言ってもいいかもしれません。

ホログラムが心のすべてを正確にあらわしているわけではないのですが、少なくとも心の情報を含んでいることになるのです。

3次元境界ホログラムでは、時間と空間は区別できません。ぜんぶまとめて、一つの情報として記録されています。

このホログラムにアクセスすれば、全宇宙の情報が得られるのです。

また宇宙ホログラムが心にかかわるなら、**宇宙は心から形成されている**と言うこともできます。

ホログラムのもう一つの特徴は、**エネルギーも情報の形であらわせる**ことです。

アインシュタインの相対性理論から、エネルギーは物質の形でもあらわせます。

つまりホログラフィック原理によって、**情報⇕エネルギー⇕物質へ、お互いに変換**

できるようになるのです。

人間にあてはめてみると、**心から体の中の物質への変換に対応している**と思われます。

◆心から物質への変換

脳の中では、心から物質の変換がおこっています。

興奮するとアドレナリンが出る、ということは広く知られています。

そして体にさまざまな影響を与えることが、詳しく調べられています。

ところが、心から物質に変わるまさにその瞬間。ここは、完全なブラックボックスとして、取り扱われています。

なぜかというと、心は現代科学では解明されていないからです。

しかし心から物質への変換がおこっているのは、よく知られている事実です。心が何らかのエネルギーをもっていて、それが物質の変換にかかわっているわけです。

心そのものは、直感的には、ある種のエネルギーをもっているように感じられます。ここでいう「心のエネルギー」が、物理学で普通用いられているエネルギーと同じ概念かどうか、という点が問題になります。

もし、同じ性質をもつのであれば、**心のエネルギーは物質に変換することが理論的に可能**になりますし、また脳内での微量伝達物質の合成のためのエネルギーとなることもできます。

さらに、この心から物質への変換は、単に脳の中だけでおこっているのでしょうか。量子論の非局在性を考えると、脳の外にまで、広い範囲にはたらくことも十分ありえます。

脳内の量子状態と周囲の状況が、非局在的な量子エンタングルメントと呼ばれるつながりの状態にあれば、広い範囲に影響するのです。

実際に私たちの**心のイメージが実現していくのは、このような量子論の非局在性で、その過程を説明できる**のではないでしょうか。

◆イメージとホログラム

目をつぶって、心の中で光をイメージしてみましょう。

目をあけて、実際の光も見てみましょう。

頭の中のイメージと現実の光では、ちょっと違うように感じるかもしれません。

しかしホログラフィック原理によれば、完全に見わけがつきません。

数学的には、まったく同じなのです。心の中の光も、実際の光も、どちらも同じように存在するのです。

これは、**心のエネルギーが、物理的なエネルギーと等しい**ということも示しています。

でも毎日の生活で、心の中のイメージと、現実は違うように思えます。

それは心の中のイメージが、はっきりしていないからです。

イメージのエネルギー密度を、実際の光と同じくらいまで高めれば、現実の光と同じはたらきをするかもしれません。

イメージが鮮明に明確に、高いエネルギー密度をもちながら、心の中にあらわれるかどうかが重要なのです。

◆脳は心の検出器

ホログラフィック原理による「心」の考え方が正しいとすると、心はそれだけで存在できることになります。

物質やからだがなくても、心だけで存在できることになるのです。

ただ、私たちが今いるこの世界で、心を感じようとすると、**心を検出するための装置**が必要になります。それが、**水でできた脳**であると考えられます。

例えば携帯電話の電波は、あちこちの空間に存在しています。電波は、映像や音楽などの情報も運びながら、飛び回っています。

でも私たちがその映像を見ようとすると、受信機が必要になります。

携帯電話があることで電波を検出し、その中の映像を見ることができるのです。

私たちの心も、まったく同じように考えてみましょう。

私たちの心は、宇宙のどこにでも、過去から未来のいつの時代でも、存在できるとします。

ただ実際にそれを見たり感じたりするには、受信機が必要です。

つまり脳やからだが、その受信機なのです。

脳やからだによって、3次元境界ホログラムの情報を受信する、もしくは**書き込むことが可能**になってくると思われます。

脳やからだの70％は水でできていますので、水も重要な役割を果たしているのかもしれません。

この水はもちろん、光の速さで移動しているわけではありません。

ヒッグス粒子によって、重さをもっています。

そのため、光とは異なり、過去・現在・未来という時間があらわれてきます。

◆ホログラフィック原理の可能性を示す「臨死体験」

脳が心の検出器であることを示す一つの可能性が、**臨死体験**です。

欧米の複数の研究グループが、ユニークな論文を発表しています。

これらは、心臓が停止した患者さんの意識状態を調べたものです。

患者さんには、数十名ほど臨死体験をした人がいて、その人たちを集中的に調査しました。

その結果、**心停止状態でも、意識をもち続けている**ということがわかってきました。

それだけでなく、さまざまな体験が報告されているのです。

まずおどろくのが、**体外離脱体験**です。

これは、意識が体の外側に出ていくという体験です。

かなりの人が体験しており、自分の手術の様子を上から眺めていたという人もいます。

場合によっては、意識だけで他の場所に行っていたという人もいます。

あとでその情報を確かめると、合っていることがわかることもあります。

亡くなった人との出会いというのも多いようです。

面白いのは、臨死体験中に会う人はみな故人で、現在生きている人には一人も会わなかったという点です。

単なる夢であれば、現在生きている人が出てきてもいいはずです。

しかし、必ず亡くなった故人が出てくるそうです。

また時間が圧縮され、一気に人生を最初から最後まで見せられるという体験も多いようです。

場合によっては、未来まで見えてしまうようです。ただ未来が見えてしまった場合は、あとで生き返ってから、それが思い出せなくなるようです。

心停止状態では、心臓は止まり、肉体的には完全に死んだ状態になっています。脳波を測定しても、まったく動かず、脳の機能も止まっています。

そして、心臓が回復して数十分たってから、ようやく脳波も回復します。

これらの研究結果を考えると、脳から心が生まれる、という考え方があてはまらなくなってきます。

肉体的には完全に止まってしまっているのに、これだけ鮮明な記憶や体験があるわけです。

これは、**心と肉体が別々に存在できる可能性**を示しています。この臨死体験を詳しく調べていけば、心の本当の姿が明らかになるのではないでしょうか。

この第一章では可能なかぎり、科学的な視点から「心」を探り、特に心のエネルギーの物質化や現実化について見てきました。

次の第二章では、６つの重要な成功法則を、心のエネルギーの科学から見ていきたいと思います。

第二章

物理学から成功法則を読み解く

Is It Possible to Prove The Law of Success Scientifically?

「イメージの法則」を科学する

◆イメージと現実

心の中に思い描くイメージは、とても重要です。

心のエネルギーが大きいほど、イメージがはっきりし、**エネルギー密度が高ければ、物質化しやすくなります**。

また心のイメージは、情報をもっています。第一章でご説明したように、ホログラフィック原理から、その**情報は、エネルギーに変換**できます。

パンを焼く時には、型を用意し生地を流し込みます。そして、焼くとおいしいパンができるわけです。

そう、心のイメージは、パンの型のようなものです。

ここに心のエネルギーが注ぎこまれ、物質化していくのです。

東京タワーも東京都庁のビルも、初めは、人の心の中のイメージだったのです。

材料が勝手に動いて、建物ができあがったわけではありません。

心の中のイメージから設計図ができ、他の人も動き、材料が集められ、工事で組み上げられ、完成したのです。

ウィンドウズも、ビル・ゲイツの「標準ＯＳ」という明確なイメージがあったからこそ、これだけ世界中に普及しているのです。

もし彼に強いイメージがなければ、ウィンドウズは生まれてこなかったのです。

イメージやビジョンを、どれだけ明確にはっきりと心の中に映し出せるかが、大切になってきます。

現実化のカギは、**「心のエネルギー密度」**にあります。

実際に私たちの住んでいる宇宙では、高いエネルギー密度が存在すれば、エネルギーのまま存在できず、物質化をおこします。エネルギー密度が高いものを、私たちは「物質」と呼んでいるのです。

◆現実とイメージは同じ?

私たちにおこっている**すべての出来事は、脳の中でおこっています**。

物質的なものが、現実のように感じるかもしれませんが、実際には、脳の中でそれを感じています。

ホログラフィック原理が心にかかわっているならば、**現実も心の中のイメージも全く同じ**になります。理論的には、見分けがつきません。

イメージするということは、脳の中で「実際に体験している」ということなのです。

私たちの脳は、現実とイメージの違いを見分けられません。同じ情報として受け取っているのです。

イメージすれば、脳は実際にその状態を体験します。何度もイメージすれば、脳は何度もその状態を体験することになります。

そして**脳で何度も体験したイメージは、現実の出来事として定着していく**のです。

バーチャルリアリティーという言葉をご存知でしょうか。仮想現実というもので、さまざまなハイテク機器を使って、人の脳に実際に体験している感覚を作り出します。

最終的には、すべて心で感じています。

脳で体験し、そして心で感じているのです。その意味でも、心の中のイメージがとても大切になってきます。

◆環境はイメージの総決算

あなたが**今いる環境は、生まれてから今までのあなたのイメージの総決算**です。

あなたの心のエネルギーが、物質化・現実化したものなのです。

もし、今いる環境にあなたが満足していないなら、それは……

他の人のせいではありません。

運が悪いわけでもありません。

すべては、あなたの心のエネルギーがもとになっているのです。

あなたの本当の心をみつめましょう。


自分の環境を変えたければ、行動も大切です。

でもそれ以上に、自分の心の中のイメージを変えることも重要です。

自分の心の状態は、自分でコントロールできる唯一のものです。それさえ変えれば、それに応じて世界も変わってきます。

本当の自分のイメージを感じれば、周りの環境が変わります。

変えられるのは、自分の心だけなのです。


それならば、自分の心を変えることに集中してみることです。

他人や周囲の環境を変えようとは、しないほうがよいでしょう。

野口嘉則さんによる、『鏡の法則』という本があります。自分の周囲の環境は、自分を映し出す鏡である、という法則です。

自分の心を変えれば、**心の量子状態が周囲に影響し、量子状態でつながっている周囲の環境や他人の心まで情報が伝わり、変化していく**のです。

全宇宙の量子情報があるホログラムに、心の波が作用し、情報が書き換えられると、自分の周囲の現実の世界にそれがあらわれてきます。

まさに自分の周囲の環境は、自分の心のイメージが、作り出している状態なのです。

「焦点の法則」を科学する

◆光を一点に集中させれば火がつく

心に思ったりイメージしたりしても、うまくいかないことがよくあります。

なぜ、これらが実現しないのでしょうか。

それは、**心の焦点**があっていないからです。**強力に一点にフォーカス**されていないからなのです。


新聞紙を一枚、真夏の太陽の光の下においてみましょう。もしかしたらあまりに暑くて、燃えだすかもしれません。

しかし1時間待っても、2時間待っても、いくら待っても火はつきません。

それでは虫めがねを使って、太陽の光を一点に集めてみましょう。虫めがねで太陽の光を集めると、光が一点に集中し、その周囲は暗くなります。

そして10秒もしないうちに、光が集中した所の温度が上がり、新聞紙から煙が出て燃えます。

私たちの心もまったく同じです。

心のエネルギーを、一点にフォーカスさせるかどうかの違いなのです。

二兎を追うもの一兎を得ず、と言います。二匹のうさぎを同時につかまえようとしたら、どちらも逃げてしまって、一匹のうさぎもつかまえることはできません。

私たちの日常生活でもそうなのです。

欲張って多くのことをしようとしすぎるのです。

欲張ると、心の力は分散します。火をつけることができなくなってしまうのです。

一つのことだけに集中すれば、逆に多くのことができるようになります。

◆一点集中はエネルギーの密度を高める

エネルギーが物質化現象をおこすには、10^{25}J／㎜^{3}以上のエネルギー密度が必要です。

これだけのエネルギー密度があれば、私たちの住んでいる宇宙では、自然に物質化するのです。


心のエネルギーも同じです。

心のエネルギーの密度を高めるには、集中することが必要です。

心のエネルギーを一点に集めるのです。

そしてその心のエネルギー密度が、あるレベル以上になれば、心のエネルギーが、自然に物質化・現実化するようになるのです。


身近にあった話です。

Ａさんは、華やかな研究テーマで多くの仕事をしていました。

一方のＢさんは、地味な研究テーマでしたが、その一つのテーマに集中して、じっくり取り組みました。

結果として、一つのことに集中してじっくり取り組んだＢさんは、英語の論文を仕上げて、英文雑誌に掲載されました。さらに、特許も取ることができました。


一方の、いくつもの華やかなテーマを担当していたＡさんは、多くのすばらしい実験データを出していたにもかかわらず、英文論文を仕上げることもできず、特許も取ることができなかったのです。

Ａさんは、あまりにも多くの仕事をしすぎて、論文を書いたり、特許を出したりすることにまで、時間を使うことができなかったのです。


研究の世界では、英語の論文を出さないと、世界中に読んでもらえません。

１００個のすばらしいデータを出すよりも、一つのきちんとした論文を書いた方が、世の中の人々に読んでもらえるのです。

これは、一つのことにじっくり取り組み一点に集中し、心のエネルギーの密度を高めていくことが、いかに大切かを示しています。

「必然の法則」を科学する

◆因果律──必然の法則

自分がしたことは、自分に返ってきます。どんなに時間がかかっても、自分が忘れていても、必ず返ってくるのです。

このようなことは、**「因果律」**または、**「必然の法則」**、**「原因と結果の法則」**と呼ばれています。

現代物理学でも、この因果律は基本法則と言っていいでしょう。

結果には、必ず原因があります。

あることを行えば、必ずそれに対応した結果が生じるのです。

「種まきの法則」とも言います。種をまけば、その芽が出て、実がなります。

いい結果も悪い結果も、自分が種をまいているのです。

ひまわりの種をまけば、ひまわりの芽が出て、ひまわりの花が咲くのです。間違っても、すみれの花は咲きません。


人生でも同じです。

もし自分の人生でひまわりの花を咲かせたいのであれば、ひまわりの種をまくことです。自分ではひまわりの種をまいているつもりでも、別の種をまいていることは、よくあることです。

自分の行動をよく見てみましょう。

◆因果律で説明できない物理学

しかし、物理学では、この因果律で説明できない現象も見つかっています。

量子論の「非局在性」です。

非局在性とは、遠くはなれていても、あるつながりをもっている状態です。

宇宙の端と端に二つの粒子があっても、あるつながりをもつ可能性があるのです。

光の速さで届かない距離でも、このようなことがおこります。

アインシュタインがこの不思議に気づき、ベルがそれを証明しました。

ただつながりは証明されたのですが、どのようにしておこるのかは、わかっていません。

しかし、私たちの人生における、**必然の法則には、この非局在性（つながり）の作用もある**ようです。次にこれを説明しましょう。

◆時間がかかっても必ずかえってくる

因果律をわかりやすくみてみましょう。

静かで小さな池に自分が浮かんでいて、その池に石を落とします。

そうすると波紋がおきて、広がっていきます。

波はいつか池のふちにたどりつき、反射します。

そしていずれ、自分にその反射した波が戻ってきます。

その波で自分もゆらゆらと揺られます。


その池が、海のように大きかったらどうなるでしょうか。

自分がおこした波は、ずっと広がっていって、かえってこないように思われます。

実際、多くの人は、自分が波をおこしても、世界は広いのだから自分にかえってくるはずはないと思い込んでいます。

しかし海は無限の広さではありませんから、理論的には時間はかかりますが、必ずその波が反射してかえってきます。


さらに宇宙全体で考えるとどうなるでしょうか。

宇宙も無限に大きいわけではありません。２７０億光年くらいの有限の大きさです。

そう考えると時間はかかるでしょうが、その波はかえってくるでしょう。

さらに量子レベルでは、非局在性という現象があります。

空間的に遠くに離れていても、お互いに影響を及ぼしあう性質です。

つまり自分がおこした波が、**自分から離れたところに瞬間的に影響を及ぼします。**

そしてそこから**非局在性によって、自分に影響がただちにおこる可能性もある**のです。

◆言葉は自分にかえってくる

自分の言葉は、いつか自分にかえってくると言われます。

これはどういうことなのでしょうか。


言葉は、**口からでる空気の振動**です。

単なる空気の振動でしたら、特別な力はないかもしれません。

しかし空気の**振動を出すのは、「人の心」**です。

人の心には、ある特別な振動があります。

心の情報の一部が、波動関数として私たちの現実世界にあらわれます。波動関数とは、第一章で述べた「量子のぼんやりした状態」を数式であらわしたものです。

その波動関数は原子に作用することができ、脳の原子の一部に刺激を与えます。

そして脳から電気信号が神経を伝わり、のど、舌、肺を動かして、空気を振動させて音が発生します。

その空気の振動である音が、声として伝わっていくのです。

このようにしてみると、口から出てくる言葉は、空気の振動でありながら、**心の情報の一部が含まれている**と言ってもいいでしょう。

心の情報が伝わる割合は、最初の心のエネルギーや、途中の状態によって変わります。

心の情報を含んだ言葉は、周囲に広がり、**最終的には反射して自分に返ってきます。**

いい言葉とは、**宇宙全体の進化に貢献できる言葉**ではないでしょうか。
言霊《ことだま》とも言われます。口から出てくる言葉に含まれる、「魂」みたいなものでしょう。
それくらい言葉というのは、大事なものなのです。

「時間の波の法則」を科学する

◆物理学での時間

物理学の分野でも、時間というものは、はっきりとわかっていない部分があります。

私たちの直観的なイメージでは、時間は流れると考えています。

しかし、アインシュタインの相対性理論からわかることは、**「時間は流れない」**ということです。


過去も現在も未来も、全部同じように同時に存在しています。

時間は単に相対的なもので、**過去・現在・未来はどれも等しく現実**なのです。

時間は、ただそこに存在するだけです。

アインシュタイン自身も、この過去・現在・未来が同時に存在するという考え方に悩んだようですが、相対性理論ではそうなるのです。

また相対性理論では、重力やエネルギーで、空間と時間が歪みます。

つまり**重力やエネルギーが大きくなるにつれて、時間はゆっくり進む**のです。

◆光と時間

相対性理論では、「光」がすべての基準になっています。

「時間」までも、光を基準にして決めています。

ちょっと不思議な感じがしますね。光がなくても、時間はちゃんと存在していると感じられるかもしれません。

でも、時間というのは相対的なもので、光を基準にして決めているのです。

光は不思議な性質をもっています。
光にとっては、「時間の流れ」はないのです。時間は完全にとまっています。
そして逆に光の周囲では、過去から未来まで永遠の時間が過ぎているのです。
このように物理学では、「光」というのは極めて重要な原理にかかわっています。

◆心と時間

時間は流れないと言われても、信じられないかもしれません。
過去は変わらないし、未来はまだきていませんし、現在だけがあるように思えます。
毎日毎日、時間がどんどん流れているように思えます。
これは実は、人間の「心理的な時間」の感覚なのです。

量子脳理論では、**「光の集合体」が心の正体であるという説**が出されています。実際に数式に基づいて、愛や悲しみなどを説明するのは、難しいかもしれません。
しかし、「光」というのは、一つのカギになるように思えます。

もし光に意識があったとしたら……。

過去から未来永劫にわたるまで、すべてを知ることが可能となります。

もし私たちの心が、一瞬でも光のような性質をもったらどうなるでしょうか。

もしかしたら、過去や未来の出来事を知ることができるのかもしれません。

様々な宗教の神様というのは、光のような存在として、よく説明されています。もしかしたら、このこととも関係があるのかもしれません。

◆驚くような偶然

9・11ニューヨーク事件の日の朝の出来事です。

シドニーオリンピック競泳金メダリストのイアン・ソープは、世界貿易センタービルに登ろうとしました。

でも、直前で登るのをやめてホテルに戻った瞬間、あの事件がおきたのです。

この出来事は、彼の人生に対する考え方を大きく変えたようです。

彼以外にも、突然の腹痛で飛行機に乗れなかった方の話など、いろいろとあります。

また、あかちゃんがおなかの中にいると、いろいろな幸運がおこると言われています。

数ヶ月ぶりにメールを書こうとしたら、相手から電話がきたりします。

夢で見たことや予感が実際におこったり、決心がつくような導きがおこったり、困り果てた時に突然救いの手が差し伸べられたりします。


このような出来事は、本当に単なる偶然の一致なのでしょうか。

これらの様々な偶然について、その意味を考えてみましょう。

ここでは、時間の物理学がどのようにはたらいているのでしょうか。

◆意味ある偶然の一致

意味のある偶然の一致をまじめに研究した人がいます。

カール・グスタフ・ユングという、スイスの精神医学者です。

ユングは**シンクロニシティー**（共時性・略してシンクロ）を提唱しています。

シンクロは、数学的な確率で考えると、**ありえない二つの出来事が一致すること**です。

心と物質がかかわると、このような偶然の一致「シンクロ」がおこるようです。

ホログラムの量子情報（すべての物質や物事）は、量子論の波動関数であらわされます。

その波の周期が、同じか整数倍になり、しかも波の始まる位置（位相）が同じ場合（コヒーレント）、シンクロがおこるのかもしれません。

現在というのは、**ぼんやりした可能性（波動関数）が現実に確定していく瞬間**です。

一種の物質化（現実化）現象と考えてもいいでしょう。

そこに心のエネルギーが集中されると考えてみましょう。

高いエネルギー密度になれば、物質化現象が生じます。

またぼんやりした可能性は、お互いに非局在的なかかわり合いをもっています。
そのつながりも、シンクロにかかわっていると思われます。

「共鳴の法則」を科学する

◆同じ波動は集まり共鳴する

朱に交われば赤くなる、と言います。

類は友を呼ぶ、とも言います。

波の場合でも同じです。**他の波の影響を受けて変化**します。

皆さんは、音叉《おんさ》って知っていますか。中学校の理科の教科書に載っていると思います。

金属でできた同じような棒を2本用意します。

一つをたたいてキーンと鳴らして、もう一つのほうに近づけます。

すると、もう一つの方も、たたいていないのに鳴り出すのです。

金属の振動が空気を振動させ、その空気の振動が空気中を伝わり、もう一つの金属の棒にたどりつき、その金属の棒を鳴らすのです。


心の波も同じように伝わっていきます。

心の一部は、波動関数として、この世界にあらわれてきます。

波動関数は、**遠く離れていても、量子エンタングルメントによりお互いに影響する**ことができます。非局在性と呼ばれる現象です。


自分のまわりの人たちが、喜びに満ちあふれていると、自然に自分もそのような気分になってきます。

逆に、周りの人たちが怒ってばかりいると、なんとなく自分にも怒りの感情が湧いてきたりします。それは**心の波が伝わっているから**なのです。

◆物事も集まってくる

心の中で思っていることは、ある種の波動として集まってきます。

池に小石を落とすと、波紋が広がっていきます。

同じように心の中のイメージも、自分の周囲に広がっていきます。

不思議なことに、黙っていても広がっていきます。これは、量子のつながり（非局在性）で説明できます。


そして、その**自分の心の中のイメージと同じようなものが引き寄せられてきます。**

人だけではなく、物事も集まってくるのです。

どんなものや人でも、量子レベルで見ると波と見なせます。

その波が、共鳴するものが集まってくるのです。

◆コヒーレントな心の波

心の波が共鳴するのは、物理学でいうコヒーレントと同じような現象です。

これは、波の長さと位相がそろった状態です。

心の波がコヒーレントな状態になると、非常に大きな力を発揮すると考えられます。

この心の波は、実験装置ではかることができるのでしょうか。

じつはこのような波をはかろうとすると、もとの波動の状態が壊れ、もとの情報を読み取ることができなくなってしまうのです。

このため、今の技術では、心の測定は難しいと思われます。

心の波がそろったコヒーレントな状態になると、お互いが共鳴し合い、もっと大きな一つの心の波が生まれます。

物理学では、そのようなものは巨視的量子凝縮体と呼ばれていて、２００１年のノーベル物理学賞になっています。

レーザーも、普通の電球の光とは違います。

電球の光は、さまざまな波長の光の波がまざっているのですが、**レーザーは光の波がコヒーレント**になっています。波長も位相も同じ状態で、非常に強い力をもっています。

鉄を切ることもできますし、ＤＶＤから多くの情報を読み出すこともできます。

これは光が、コヒーレントだからできることなのです。

人間の心でも、心の波がコヒーレントになると、大きな力を発揮するのです。

◆心の波と人格

心の波は、その人の人格にまでかかわってきます。

みなさんも、人柄や人格を、直観で感じることがあるのではないでしょうか。

高い人格をもつ人は、独特の人柄をもっています。

場合によっては、周囲の人は、気づかないかもしれません。

ひっそりとおだやかな雰囲気をただよわせているかもしれません。


高い人格をもっている人ほど、謙虚です。

謙虚なゆえに、周囲の人はその高い人格に気づかない場合があるのです。

高い人格は、波がコヒーレントで、波の振幅が大きく、振動数が高く、エネルギーの大きな状態であると考えられます。

「宇宙一致の法則」を科学する

◆宇宙のはじまり

私たちの脳やからだは、原子からできています。
その原子は、どのようにしてできたのでしょうか。
これを考えるには、宇宙の誕生まで、さかのぼらなければなりません。
わたしたちが住んでいる宇宙は、今から137億年前に始まりました。
宇宙が始まる前は、時間も空間もない、「無」の状態でした。
禅問答のようですが、何も無かったのです。

ただ何も無いといっても、一見何もないように見えるだけです。

不確定性原理から、ほんの一瞬の短い時間に、時間と空間がゆらいでいます。

そのゆらぎの中では、無数の小さな宇宙が生まれてはまた消えているのです。

そしてある時突然、その**ゆらぎの中から、私たちの宇宙が誕生**しました。


私たちの住んでいる宇宙は、最初は一つの量子状態でした。

宇宙が誕生した時の宇宙の大きさは、10^{-35}m程度です。ちなみに、一個の原子の大きさは、10^{-10}mくらいです。

生まれたばかりの宇宙は、原子の大きさよりも、はるかにとてつもなく小さいサイズでした。そしてそこに、宇宙全部のエネルギーが含まれていたのです。

◆宇宙の成長

いきなり生まれてきた宇宙は、急激に膨張し始めます。

最初は、粒子や反粒子や光が渾然一体となったエネルギーのかたまりでした。

反粒子は、今の宇宙には残っていない粒子で、粒子と合体すると光になって消えます。


宇宙が始まって10^{-11}秒で、粒子としてクォークが残ってきます。クォークは、原子の中心にある陽子や中性子のもととなる粒子です。

10^{-5}秒に、クォークがくっつき始めます。

10^{-3}秒くらいで、陽子と中性子ができました。

３分後に、陽子と中性子が結びつき、原子核ができました。

ただ電子は、ばらばらの状態です。


時は流れて、宇宙が誕生して38万年後。

電子が、陽子と中性子からなる原子核につかまります。

つまり、「原子」が誕生したのです。

この時の宇宙の写真が、45ページにあるＮＡＳＡによる写真です。

◆宇宙はひとつ

原子ができると、原子同士が結びついて、分子となります。

そして、分子がだんだん組み上がっていきます。

そしてついには、私たちのからだが出来上がります。


このように宇宙の誕生を考えてみると、私たちは皆、最初は原子より小さい空間で、一緒だったのです。

読者の皆さんも、世界中の人たちも、この本も、車も飛行機も地球も太陽も、もともと一つのエネルギーのかたまりだったのです。

そこからだんだん物質化して、分裂していったのです。

そういうふうに考えれば、人間同士もっと仲良くできそうです。どんな人でも、もともとあなたと一緒のエネルギーだったのです。

◆今でもすべてつながっている

心の中のぼんやりしたところ。

そこで必要なものを強くイメージすると、あたかも偶然のように引き寄せられてきます。

それは**宇宙そのものが、心の深いところで、今でもすべてつながっている**からなのです。

心にもエネルギーがあり、量子的な形で物質にはたらきかけるようです。


実際、**世の中のものはすべてつながっています**。

量子論の非局在性は、理論的にも実験的にも証明されています。

また私たちがいる宇宙ホログラムも、「部分が全体の情報を含む」という原理に従っています。

宇宙が始まった時には、**一つの原子より小さい中に、宇宙のすべてのエネルギーと**

情報がつまっていました。

そしてそのエネルギーや情報は、今でも皆つながっているのです。

さて、第二章では６つの重要な成功法則を、物理学的な観点から見てきました。

これをもとに次の第三章では、夢を実現するための効果的な方法について見ていきましょう。

第三章

効果的な夢実現の実践方法

Is It Possible to Prove The Law of Success Scientifically?

ビジョンの定着～「イメージの法則」から導く実践法

◆心の中のイメージ力

心の中のイメージ力には、個人差があります。
明確に心にイメージを描ける人もいれば、そうでない人もいます。
訓練や努力によって、イメージ力は力強くなっていくものです。

この**イメージ力は、心のエネルギー密度に大きく関係**しています。
たとえば今、目をつぶってみてください。そして、太陽の光が自分をつつみこむようにイメージしてみてください。

いかがでしたか？　はっきりと目で見るように太陽をイメージできたでしょうか。

実際にテニスやゴルフ、入学試験などで、イメージトレーニングを利用している人もいるでしょう。

この場合、ショットやサービスをうまく打っている自分をイメージしたり、試験をらくらくこなしている自分をイメージしたりすることが効果的です。

◆人生のイメージトレーニング

ところが、スポーツや試験でイメージトレーニングを使っても、それよりはるかに大事な**「人生のイメージトレーニング」**をしている人は少ないようです。

毎日をただ一生懸命生きることも大切です。でも同時に、**自分の人生をはっきりと感じ取ること、思い描くこと**も大切です。

山を登る時には、登る山を決めて、頂上をめざして登り始めます。

自分の人生でも同じです。

まず登る山をはっきりとすることが大切です。

短い人生では、そんなにいくつもの大きな山を登れるわけではありません。


人生全体の目標やビジョンをもつことです。

自分がこの世に生まれてきて、**達成したい目標やビジョン**です。

それがはっきりしている人が成功しているのです。


なぜならそこに、**「心のエネルギー密度」を集中することができる**からです。

逆に自分の目標がはっきりしていない、もしくはたくさんありすぎるとどうなるでしょうか。

心のエネルギーが分散してしまい、物質化現象をおこさず、現実とならないのです。

◆心の波をはっきりと固める

心の波というのは、目には見えません。だからどうしても、**ぼんやりしたまま**のことがあります。

夢をもっているとしても、ぼんやりした夢ではなかなか実現しません。

ぼんやりしているために、エネルギーを集中できないのです。

夢をはっきりさせるよい方法が、**「紙に書くこと」**です。夢を紙に書き出してみるのです。こうすれば、いやでも夢をはっきりさせなければなりません。

はっきりすることによって、**自分の心の波が定着**されます。

その**心の波にそって、自分が行動しやすくなる**のです。

◆情報を現実化させる

宇宙すべての時間と空間の情報は、**ホログラフィック的にぼんやりした形で、存在**しています。

そして私たちが**観測した瞬間に、現実の世界として私たちの心の中にあらわれる**のです。

紙に書くということは、ぼんやりと存在していた時間と空間の量子情報を、私たちの**意識によって現実化させ固定化させる**ことなのです。

文字になるということ自体が、最初の物質化現象と言ってもいいでしょう。この文字情報が、心に再び影響を与えます。

心の中のぼんやりした量子情報に、特定の方向に向かうエネルギーを与えるのです。

これにより、心のエネルギーが集中し物質化・現実化していきます。

◆イメージを常に目の前に置く

いつも目の前に、自分がめざすイメージを置きましょう。

夢を明確にはっきりと固定化させるのです。

とくに有効なのが、**朝起きた時と、夜寝る前**です。

朝起きた時は、心が静かに落ちついて、きれいになっています。その時に、自分の目指すイメージを焼き付けるのです。

そして、夜寝る前に心にイメージを送り込むと、自然に心に定着しやすくなります。

さらに、目指すイメージを声に出して読み上げることも、効果があります。

心の中の量子情報は、必ず周囲の量子状態に影響して、周囲の環境や他人を変えていきます。

自分自身でコントロールできるのは、自分の心だけです。

自分の自由意志で、それができるのです。

◆形あるものは滅びる

心に思い描くものが大切だ、ということがわかってきました。

それならば、心の中に何を思い描けばいいのでしょうか。

自己啓発の分野では、物質的なものを思い描くことも推奨されています。たとえば、車がほしい、家がほしい、お金がほしい……。

そのためには、目の前に本当にあるように、はっきりとイメージするという方法です。

最初のうちはいいかもしれませんが、これは究極的ではないと思います。

いくら大きな家や車があって、名誉やお金があっても、形あるものは必ず滅びます。

物質世界のものに重きを置くと、必ず幻滅を味わうことになります。

死ぬ間際になって、

「もっとお金をかせいでおけばよかった」

「もっといい車を買いたかった」

「もっと大きな家をたてたかった」

「もっと出世したかった」

……などのような言葉を残す人が、どれだけいるでしょうか。

むしろ、

「もっと家族と過ごせばよかった」

「もっと人間関係を大切にすればよかった」

……などという言葉を残す人が多いようです。

死が本当に身近にせまってきた時に、本当に必要なものがわかり始めるのです。それならば、何も死ぬ間際まで待つ必要はありません。

◆今ここで見つける

今ここで、自分が本当に必要なことを見つけ出すのです。

自分の人生において、本当に達成したいこと。それを見つけることが、一番大切なのです。

そしてそれに向けて行動することです。

それには、物質的なものではなく、精神的なものが大切なことがわかります。

物質的に得たものは、いずれ時が経つにつれて、消えてなくなっていきます。

しかし**精神的なものは、永遠に残すことができます。**

イエス・キリストは、物質的なものは何も残していません。

精神的なものだけを残したのです。そしてそれが今も残っているのです。これは、ものすごく大きな心のエネルギーではないでしょうか。


私はクリスチャンではありませんが、クリスマスのお祝いをして、クリスマスケーキも食べます。

世界中で多くの人たちがクリスマスのお祝いをしますし、西暦までイエスの誕生日を基準にして作成されています。


でもイエスは、物質的なものは何も残していないのです。大きな城をたてたわけでもありませんし、世界征服をしたわけでもありません。

ただ、イエスの生き方や精神が、世界中の人たちの心の中に大きな城をたて、世界中の人たちの心にしみこみ、とらえていったのです。

このことは、私たちが人生のイメージを選ぶ、一つの大きなヒントになるのではないでしょうか。

◆ゆれる心

プロローグでは、電子顕微鏡で原子を見る話をしました。

原子一つひとつを見るわけですが、この装置は振動や音に弱いのです。

建物の近くを通る自動車や、真空ポンプの機械的振動なども影響してしまいます。また、人間の声でも振動してしまいます。

原子がゆれてしまって、写真が撮影できなくなるのです。

きれいな原子の写真をとるためには、**周囲と装置の雑音を最小限**にしなければなりません。

そのようにして初めて、きれいな原子の姿をとらえることができるのです。

池の波が静まると、表面に月がきれいにうつります。

池に波がおこると、ゆらゆらゆれて、きれいな月はうつりません。


これらの例と、心も同じです。

心が波立っていたら、きれいなイメージは描けません。

心の波が乱れていると、不要な情報が多数含まれてしまうのです。


真の自分の心の情報を得るには、まず心の波を最小限に静めなければなりません。

心の波がざわざわしていたのでは、その雑音に影響されてしまい、自分の心の真の姿をとらえることができません。

それでは、心の波を静めるにはどうしたらいいのでしょうか。

◆心の波を静める方法

心の波を静める一つの方法として、**瞑想**があります。

瞑想によって、心が静まります。

簡単にできる瞑想法として、まず**ゆっくりと深呼吸して目を閉じます**。

呼吸には、心と体をつなぐ役割があり、呼吸をコントロールすることで、心と体を同時にコントロールできるのです。

ゆったりした呼吸により、心が静まっていきます。

目を閉じたまま、意識をゆったりと**眉間に集中し、自分が暖かい光につつまれる様子をイメージ**します。この状態を5分くらい保ちます。

瞑想の一種として、**ヨガ**があります。

最近ヨガ教室が、とてもはやっていますね。美容や健康には、とてもよさそうです。

ヨガはいろいろ変わったポーズをして難しそうに思われるかもしれません。

じつはヨガのポーズは、本当は**瞑想の準備段階**なのです。

だから人それぞれ、無理のない範囲でやっていけばいいのです。

ちなみにビートルズのメンバーも、インドでヨガ修行をしていました。

彼らは、ベジタリアン（菜食主義）でもあります。ベジタリアンと言えば、ダビンチ、ニュートン、リンカーン、エジソン、アインシュタインたちも、皆そうなのです。

食べ物も心の静けさやインスピレーションに、かなり関係しているようです。


瞑想によって心を静め、本当のあなた自身に向き合います。

するとあなたにとって、**本当に大切なものが見えてきます**。

瞑想によって、心にある雑音の情報が静まり、本当に大切な情報を感じ取ることができるようになるのです。


私たちにとって必要なことは、心の奥底の静けさにひたること。

つまり、**本来の自分を取り戻すこと**です。

◆瞑想の科学的研究

瞑想に関して、**数多くの論文が世界中で発表**され、瞑想は**心と体の健康にいい**ことが報告されています。

瞑想によって脳波は、覚醒したベータ波から、穏やかなアルファ波、さらに修行僧にも見られるというシータ波へ移行していくことが報告されています。

アメリカでも、東洋の昔からの英知が見直されています。

英文週刊誌『タイム』の２００３年８月４日号に、瞑想の科学的な効果が報告され、表紙にも大きく掲載されました。

科学者が瞑想を研究し、お医者さんも瞑想をすすめています。

何百万人ものアメリカ人が、毎日瞑想しています。

合理的なアメリカ人が取り入れているのです。瞑想に効果があるということなのでしょう。

心のエネルギー密度を高める～「焦点の法則」から導く実践法

◆心のエネルギーを集中する

第二章の84ページでもお話ししたように、太陽の光をそのまま何時間あてても、新聞紙に火はつきません。

しかし、虫眼鏡を使って、太陽の光を集めると、あっという間に燃え上がります。

夢をかなえる時も全く同じです。

夢に火をつけて燃やすにも、このような**心のエネルギーの集中力**が必要なのです。

本当に**大事なビジョンにだけ集中し、わき目をふらないこと**です。

そこまでやって、ようやく火がつくのです。

心のピントを合わせるには、訓練も必要です
常に自分の心のピントがどこにあっているかを、意識することです。
そして、夢に集中して没頭してみましょう。
エジソンは、集中して3時間睡眠で研究していたと言います。自分の結婚式まで忘れていたという逸話まであるほどです。

一点に集中すると、他のところまでは光をあてることはできません。
いかに自分の夢に本気で一点集中できるか、ということなのです。

◆心の焦点をしぼろう

目をつぶって、**自分が望む状態をありありとイメージ**してみましょう。
はっきりとイメージできる人は、心の焦点をしぼれる人です。

これもある程度の訓練が必要になります。

心のエネルギーをフォーカスできるようになると、少ない時間に集中して、多くのことができるようになります。


どのようにしたら、心の焦点がしぼれるようになるのでしょうか。

それには、**本当に重要な一つを選択すること**です。

そして、心が静まっていることも大切です。

心が静まった状態でないと、心の焦点をしぼることが難しいのです。

◆ビジョンの選択

夢となるビジョンは、どのように選択したらよいのでしょうか。

先ほどの太陽の光を例にして考えましょう。

まず初めに、燃やすのに簡単な〝紙〟を選ぶことです。それから木のようなもの、だんだん燃えにくいものにうつります。

もちろん、鉄を選んでもいいのです。太陽熱を集中させれば、鉄やレンガまでも溶かすことも可能です。もちろん、より強く太陽の光を集中させることが必要です。


夢となるビジョンもこれと同様です。

まず初めには、**火をつけやすいものから選ぶこと**です。

最初から、鉄を溶かそうなどと考えると、なかなか光を集中させることができずに、挫折することもあるからです。**徐々に難しいものに変えていく**ことです。


ただ、心の中心にはいつも、大きなビジョンをもっていることです。

そうすると、チャンスが訪れた時にも、すぐ決断し行動できます。

◆心の静けさ

虫めがねで火をつけるにしても、虫めがねをゆらゆらと動かしていたのでは、火はつきません。

虫めがねをじっと止めて、光を一点にフォーカスさせることが必要です。

そうすると、その一点の温度がだんだん上がっていき、ついには火がつくのです。

たとえ太陽光を一点にフォーカスしていても、虫めがねが動いていると、光が集中した場所も動いてしまって、温度が上がるだけの時間がありません。

静かに虫めがねを固定する必要があるのです。


心のエネルギーも同じです。

心のエネルギーを**フォーカスさせた後は、心を静かに動かさないこと**が大切です。

周囲からの影響などによって、心があちこちに動いて動揺してしまうと、夢に火をつけて燃やすことができません。


心を静めるには、イメージの法則の秘訣でお話しした、「瞑想」が有効です。

心も静まり、強力に心をフォーカスできるようになります。

◆沈黙の効果

本当に真実を知っている人は、むやみに騒ぎません。

自分の力を誇示しませんし、宣伝もしません。

静かに黙々と自分のやることを行っています。

自分を誇示し、しゃべりすぎるほど、心が波立ちエネルギーが分散してしまうのです。そして、自分本来のイメージに集中できなくなります。

沈黙すると、**心の奥の微かな声が聞こえるようになります**。
直観やインスピレーションも、感じやすくなります。

沈黙の中で、目標に集中しましょう。

心のエネルギー密度が高くなり、現実化していきます。

粘り強く実行してみると、その効果を感じられるようになるでしょう。

よい言葉と行動を選択する〜「必然の法則」から導く実践法

◆「運がいい」「ツイてる」を科学する

第二章の「必然の法則」で見たように、自分が投げたものは、すべて自分に返ってきます。

ならば、よい言葉や行動を選択していくべきではないでしょうか。

日本一の高額納税者にもなって有名な斎藤一人さんは、「ツイてる」という言葉を大切にしています。

またパナソニックの創業者である松下幸之助さんも、面接の時に必ず「自分は運がいい」という人を採用していました。

この**「ツイてる」「運がいい」**ということは、科学的にとらえるとどういうことなのでしょうか。

これは、**ある現象の一部に、人間の心がフォーカスしている状態**です。

現象自体には、よいも悪いも、ツイてるもツイてないもありません。どこに心がフォーカスするかによって、よく感じたり悪く感じたりするのです。

おこる出来事は同じでも、その人の心の焦点しだいで、人生が大きく変わっていってしまうのです。

心の波がそろうコヒーレントとも言えそうです。

自分の心のエネルギーをプラスに保っていることで、**現象のプラスの部分だけがコヒーレントに現実化する**とも考えられます。

自分でそう思っている人は、そういう人生を歩んでいくのですね。

物事のどこに、心をフォーカスするかなのです。

◆人生にツキをもたらす「ありがとう」

「ありがとう」の言葉の大切さは、よく語られています。でもこれは、体験した人でないとわからないかもしれません。最初は、無理にでも言ってみましょう。

困難や大変なことに出会っても「ありがとう」です。

それによって、**自分が成長できる**のです。

口コミでベストセラーになっている、五日市剛さんの『ツキを呼ぶ魔法の言葉』というお話があります。

学生時代に人間関係に悩んでいた五日市さんは、イスラエルでとても不思議な経験をします。見知らぬ親切なおばあさんに、どんなよくないことがおこっても「ありがとう」と言うように、言われたのです。

普通だったら無理かもしれません。交通事故になったり、はたまた身近な人が亡くなったり。そんなことで、本当に「ありがとう」なんて言えるでしょうか。

でも五日市さんは、自分の人生を本気で変えようとしていました。

そして、おばあさんの言うとおり、本気で「ありがとう」を言い始めたのです。

2回も交通事故をおこした時にも、瞬間的に「ありがとう！」という言葉が口から出てきたそうです。


普通なかなか言えないことです。

でもそのおかげで五日市さんには、新しい人間関係や人生が開けていったのです。

「ありがとう」を言い続けた五日市さんの人生は、どんどんツイてる人生になっていきました。

◆感謝のエネルギーを宇宙に響かせる

ありがとうと感謝する気持ちが大切です。

どんなことにでも、本当にどんなことにでも、感謝の種は見つかります。

職場で上司とぶつかったり、恋人とうまくいかなかったり……。これは、自分自身を見直す大きなきっかけになるかもしれません。

勤めていた会社が倒産した……。これは、自分の人生をよく考え直して、さらに飛躍できるきっかけになるかもしれません。

心のフォーカスしだいなのです。

そして感謝していると、実際にツイてることがおこってきます。

またこれは、本当は、ツイてるとか、運がいいというようなことではありません。**自分が周りにふりまいているものが、目に見えない形でめぐりめぐって、自分にかえってきているだけ**なのです。

ありがとうの法則も、基本的には必然の法則なのです。

ありがとう、という考え方、**感謝の気持ちそのものがエネルギー**をもっています。

そのエネルギーが、自分の周囲の環境に、量子レベルで影響を与えていくのです。

いつも自分が感謝の心をもっていると、**そのエネルギーが宇宙に響き、また自分にかえってくるだけ**のことなのです。

直観で感じとる～「時間の波の法則」から導く実践法

◆心の焦点とシンクロ

シンクロニシティ（以下シンクロ）には、私たちの心の焦点が深くかかわっているようです。

すべてが意味ある出来事で、意味がなければおこらないのです。

シンクロは、**夢や願望を明確にするきっかけ**にもなります。

あなたの心の奥底に、意識をもっていってみてください。心の焦点を合わせて、日常の偶然の一致に注意してみましょう。

意外とたくさんの偶然の一致がおこっていることに気づきます。
そして、だんだんとそのシンクロの意味もわかってきます。

驚くような偶然の一致がおきたら、無視しないでください。どんなメッセージがあるのだろう、と考えてみてください。
答えを無理に出す必要はありません。答えは、自然と心の中に浮かんでくるでしょう。

後で振り返って、あれは偶然の一致＝シンクロだったと気づくのは簡単です。
でも**シンクロがおきた瞬間に気づけば、チャンスを最大限に利用**できます。

心の焦点をシンクロに集中すると、ますますシンクロがおこります。
人生に対するメッセージを、受け取りやすくなります。

「今」に、心の焦点を合わせることはとても大切です。

◆心の焦点の合わせ方

心の焦点を「今」に合わせるには、どうしたらよいのでしょうか。

ＤＶＤプレーヤーの例で見てみましょう。

ＤＶＤプレーヤーは、半導体レーザー光線を使っています。**多数の光の粒子をコントロールして、光の粒子全部に同じ行動**をさせます。

電球や太陽の光とは異なり、コヒーレントになっています。そしてそのコヒーレントな光を一点に集中させていき、映像や音の情報を読み出します。

レーザーのように**心の焦点を合わせるには、心のコントロールがポイント**になります。

どんなことにも動揺しない、心の平静を保つ訓練が必要です。

また楽しいことでも、節度をもち執着しない自由な心も大切です。

これで**ホログラム上の量子情報を、的確に感じるようになる**と思われます。

心を静めた状態で、心の奥底からのかすかな声、直感を聞いてみましょう。
通常の精神状態では、なかなか難しいかもしれません。
寝起きのふっとした一瞬や、何かに夢中になった無心の状態。あるいは夢の中など
でも、そのような状態になることもあるかもしれません。

心の焦点を「今」に合わせると、直感が働くようになります。
シンクロがおこり、必要なことが最適な時にわかるようになります。
そして、最小限の行動で最大限の効果が期待できるようになります。

◆真の自己を知ること

心の焦点を合わせるには、真の自己を知ることがとても大切です。
自分が心の存在であることに気づくこと。
その心の広がりが、他人や物事につながっていること。

これらに気づくと、心のエネルギーのつながりに気づくようになります。
そして、様々なシンクロがおこるようになります。

逆に、周囲の様々なシンクロに気づくことも大切です。
深い心の世界に入っていく気づきとなるでしょう。

尊敬できる人を見つける〜「共鳴の法則」から導く実践法

◆心から尊敬できる人

自分が心から尊敬できる人を見つけましょう。
そして尊敬できる人に近づいてみましょう。
相手のレベルが高い場合、居心地が悪い場合もあります。
それは相手のせいではなく、自分のレベルが低いからなのです。
その場合、自分が相手のレベルに近づこうという努力も必要です。
自分のレベルが上がるにつれて、だんだん相手とも自然に付き合えるようになります。

また現在、尊敬できる人が身近にいない人でも、人のよいところを徹底的にまねすることです。

また、「こんな人になりたいな」という、自分が理想とする人物の姿をイメージします。イメージしながら、理想の人のようにふるまってみるのです。

それだけでも、徐々に自分が変わっていくのがわかるでしょう。よいところはどんどん取り入れていくのです。

そして自分のレベルが高まっていった時に、自然にそのような人たちとのつながりができてきます。

つまり、自分が尊敬できる人をめざし、**自分がそのようにふるまうことで、逆にそのような人たちが集まってくる**のです。

人間とは不思議なもので、**自分の心と同じ波長の人が、量子レベルでの共鳴現象によって、引き寄せられてくる**のです。

◆理想の人生ドラマを思い描く

テレビドラマを見ていると、ついつい主人公になった気分になることがあります。感情移入していって、自分がドラマの中で、活躍している気分になっていきます。

あなたの毎日は、あなたが「主人公」の人生ドラマです。**毎日が「本番」**なのです。ドラマのようにもう一度見直すことはできません。一度きりで、やり直しなしです。

自分の人生ドラマのシナリオを、心を静めて感じてみることです。心の中にイメージがはっきりと明瞭になればなるほど、現実に近づいていきます。

イメージがはっきりすると、心のエネルギーがわきあがってきます。

その**心のエネルギー密度を高めれば、周囲の状況に共鳴現象がおこり、必要なものが引き寄せられ、イメージが実現**します。

静かにリラックスして、心に目標を思い浮かべましょう。

心を目標に集中し、必ず達成できると信じるのです。

周りの否定的な言葉に、左右されてはなりません。マイナスの言葉や考えは、マイナスの環境に共鳴してしまいます。


あなたの時間をすべて目標に注げば、必ず実現します。

一点に集中して努力していると、心のエネルギー密度が高まり、量子レベルで周囲の環境に共鳴し、様々な助けが自然に集まってきてくれるのです。

すべてとつながる瞑想
～「宇宙一致の法則」から導く実践法

◆答えは自分の中にある

宇宙はもともと一つのエネルギー・情報であることをお話ししました。

またホログラムには、一部分が全体の情報をもっているという大きな特徴があります。

部分が全体の情報をもっているとは、ホログラムの一部分だけを見た時に、そこには微量な情報量ですが、ホログラム全体に関する情報が含まれていることを示しています。

わかりやすく言いますと、**私たちの心とからだには、宇宙全体の空間と時間に関す**

る情報が（情報量は非常に小さいものの）含まれているのです。

何か問題がおきた時に、その原因が、他人や自分の外にあるように思うかもしれません。しかし、他人も自分の外にある環境も、実はすべてもともと一つのエネルギーであり、同じホログラム情報を今でも共有しているのです。

つまり、**その問題を解決するカギは自分の内側にある**、ということになるのです。

自分自身の内側を深く見つめていくことです。

◆すべてとのつながりを感じる瞑想

実際の脳の中の情報処理も、ホログラムに似た特性を示します。

ホログラフィック原理によれば、私たち自身をより詳細に調べていけば、過去から未来までの宇宙全体の空間と時間の情報の一部を取り出すことが可能なのです。

実際には、自分自身の心を深く見つめる**瞑想や禅などの心理・生理学的技法**を用いることで、**心を深めて宇宙とのつながりを感じることが可能**になります。

また**精神的には、英知、慈愛、謙虚**さによって、より深く宇宙とのつながりを感じることが可能になります。

瞑想によって、揺れ動く心と呼吸が静まり、ホログラムに記録されている量子情報と共鳴し、すべてとのつながりを感じられるようになるのです。

瞑想は、頭で理解するものではなく、実際に実行しなければなりません。

自分で実行することで初めて自分自身のものになり、自分の心で感じ取ることができるのです。

考えるよりも瞑想すれば、意識レベルが向上していきます。

また時間をかけて瞑想を深めれば、心の平安も深まり、常に新たな喜びが感じられ、睡眠よりはるかに効果的な休養となります。

◆日常での直感

瞑想していなくても、**寝起きのふっとした一瞬や、何かに夢中になって無心の状態にいる時**、場合によっては夢の中などで、宇宙につながる「心の深み」に触れることがあります。

からだから心が開放され、意識だけの存在になる時、そのようなことがおこります。

この状態は、**通常の意識と夢を見る潜在意識の間の状態**です。

そのような時の、心の奥底からのかすかな声である**「直感」**も大切にすることです。

直感は、自分の人生に適した本当の答えを教えてくれます。

シンクロがおこり、ものごとがスムーズに流れるようになります。

宇宙は、時間やエネルギーを最小限にしようとする法則のもとで動いています。

直感に従うと、**最適な時期に最小限の行動で最大限の効果**があらわれるようになります。

大切なのは、自分の外側を探すのではなく、自分の内側を深く探求することです。

自分の心を深く深く耕していくことで、より直感的になることができるのです。

エピローグ　心のエネルギーとつながり

◆あなたの飛行機の行き先は？

空港で飛行機に乗る時、どの飛行機に乗るでしょうか？

多くの人は、自分の目的地に向かう飛行機に乗ると思います。

空港にある飛行機に適当に乗る、行き先不明の飛行機だけどとりあえず乗る、という人は、あまりいないのではないでしょうか。


そのフライトの行き先が、自分の目的地と違うことに途中で気づいても、その飛行機から降りることはできません。

到着地でまた新たにチケットを買い直し、自分の目的地に向かわなければなりません。時間も費用もかかります。

さてあなたの人生フライトは、いかがでしょうか。
すでにあなたの人生フライトは、離陸しています。
どこかに向かって飛び立って、毎日毎日進んでいるのです。
あなたの人生フライトは、どこをめざして飛んでいるのでしょうか。

◆本当にかなえたい自分の夢

ある超一流大学の大学院で、次のようなアンケートを行いました。

「もし給料が同じならどんな職業につきたいか」

まず、開発職（3人）、研究職（3人）、公務員（3人）という答えが返ってきました。

工学系の大学院生達でしたので、もっともな答えだと思います。

しかしこれ以外に、次のような答えがあり驚きました。

新聞記者、水族館、旅行ルポライター、車の設計、F1ドライバー、パイロット、ミュージシャン、芸術家、画家、デザイン関係、映画監督、プロ野球選手、サッカー選手、詩人、旅人、仙人……。

これらは、小学生の答えではありません。

有名大学の大学院生達の答えです。

実際には、これらの学生さん達はほぼ全員、一般の有名企業に就職していきました。

生活していくお金が必要だから、すでに乗っている人生フライトから降りられないから、そしてその夢をかなえる自信がないから、というのが主な理由のようです。

本当にかなえたい夢がありながら、自分の夢をあきらめてしまうというのは、とてもさびしい気がします。

最近、就職してすぐに転職する人たちが増えているのは、乗ってみたフライトが、自分の望む方向ではないことにようやく気づくためではないでしょうか。

◆人間探求学

現在私は、大学で「人間探求学」という授業を行っています。入試を乗り越えて、大学に入ってきたばかりの1年生の授業です。そこで学生さんたちに、**人生の目標を紙に書き出してもらっています。**

最初は、自分の行き先をはっきり書くことに躊躇します。迷いなく、自分の人生の最終目的地を書ける人はごくわずかです。なかには、全く何も書けない学生さんもいます。

「人生の目標」や「夢」があるから、大学に入ったのではないのでしょうか。とりあえず大学入試を突破して、将来のことはあとで考えればいい……。

もちろんその気持ちもよくわかります。

将来のことよりも、目の前の勉強をこなすことで、精一杯ということもあるでしょう。


でも、**何のために自分が生きているのか、自分はどこに行こうとしているのか**を、たまには考えてみてもいいのではないでしょうか。

そして、それは**考えるだけでなく、紙に書き出してはっきりと定着させることが必要**なのです。

最初のうちは、

「今までこんなことをまじめにやったことはなかった」

などと言って、なかなか書くことができなかった学生達も、何回か繰り返していくと、

「紙に書き出して、初めて自分のやりたいことが見えてきた」

と言ってくれるようになり、私にとっても大変うれしいことです。

◆私自身の人生フライト

実は、私自身も人のことは言えないのです。

高校受験、大学受験、大学院受験、就職、転職と、いずれにおいても、人生の目標や最終到着地など、きちんと考えていませんでした。

偏差値で入れる大学に入り、卒業する時も自分が本当にやりたいことが見えないから大学院に進み、ご縁のあったところに就職し、ある意味、周囲の状況に流されながら進んできました。

だから、自分の人生の目標が見つけられず、ついつい周囲の環境に流されてしまう学生さんたちの気持ちは、よくわかります。

そんな私でも、自分の人生の目的や目標を、**紙に書き始めるようになってから、少しずつ自分の向かう方向が見えてきました。**

そして三十代後半くらいから、ようやくその方向が定まってきたように思います。そしてそれに伴い少しずつ、自分の人生を修正してきたのです。

結果的にみると不思議なのですが、回り道のフライトは、今の仕事にも、これからの進んでいく方向にも大きく役立っているようです。

それは、**回り道のフライトに乗っている間でも、人生にいろいろと迷いながらも、一生懸命に目の前のことに取り組んでいた**からかもしれません。

遠くを見つめながらも、目の前の一つひとつに集中するというバランス感覚も大切なのでしょう。

今、本書のような本を出すことは、私自身の社会的立場から見れば、大きなマイナスかもしれません。

心の科学は未だ完全には解明されていないのに、このような大胆な仮説を出していいものかという考えもあろうかと思います。

実際、ある有名な大学の先生に、そんな余計なことを考えずに、専門のナノテクノロジーの仕事だけをすべきだ、と言われたこともあります。

しかし**本書の心の科学に関する内容は、ナノテクノロジーと同じくらい、もしくはそれ以上に重要なもの**だと感じています。

なぜなら、今の人類社会の一番大きな問題は、「人の心のひずみ」にあると思うからです。

それにナノテクノロジーそのものも、もとはと言えば、人間の心から生み出されてきたわけですから……。

本書を読んで、「心のエネルギーやつながり」に興味をもち、人生の目的や目標を「真剣に本気で」考えようとする若者が一人ずつでも増えてくれれば、今の世界ももっと明るくなっていくと信じています。

◆心のエネルギーが世界を変える

最後になりますが、もう一度、心のエネルギーについてまとめておきましょう。

本文でも述べていますように、アインシュタインの相対性理論から、エネルギーが物質化することが証明されました。

光もエネルギー密度が高くなれば、物質化していきます。

実際に光から、人間の体の一部である水素原子が合成されています。

皆さんも、ふだん心のエネルギーを感じていることと思います。

今日は、心のエネルギーがあふれてて元気だなあ……とか、ちょっと心のエネルギーが不足してるよ……という日もあることでしょう。

その心のエネルギーが物質化・現実化していくというのは、**科学的に考えても、何ら不思議ではない**のです。

ただ強い心のエネルギーと、弱い心のエネルギーでは、物質化能力が違ってきます。

心のエネルギーを物質化して現実にするには、

心を静めて「ビジョン」を明確に描き、
心のエネルギーを一点に集中して、
高いエネルギー密度を達成することです。

常に自分のビジョンをはっきりと描きましょう。
そしてそのイメージに、心のエネルギーを集中していきましょう。
皆さんの強い心のビジョンは、周囲の様々な状況に量子レベルでつながっていき、
必ず現実になっていき、世界が変わっていきます。

皆さんの人生のビジョンが実現化していくことを祈りながら……。

心のエネルギーを学ぶのに参考になる本（発行順）

パラマハンサ・ヨガナンダ著『人間の永遠の探求』森北出版（1998）
中村天風著『運命を拓く』講談社文庫（1998）
鈴木秀子著『愛と癒しのコミュニオン』文春新書（1999）
ディーパック・チョプラ著『人生に奇跡をもたらす７つの法則』PHP 研究所（2000）
五日市剛著『ツキを呼ぶ魔法の言葉』とやの健康ビレッジ（2004）
ナポレオン・ヒル著『携帯版・思考は現実化する』きこ書房（2005）
野口嘉則著『鏡の法則』総合法令出版（2006）
奥健夫著『夢をかなえる人生と時間の法則』PHP 研究所（2008）

〈著者略歴〉

奥　健夫（おく・たけお）

滋賀県立大学工学研究科材料科学専攻・教授。

東北大学大学院原子核工学専攻修了（工学博士）後、京都大学大学院材料工学専攻・助手、スウェーデン・ルンド大学国立高分解能電子顕微鏡センター・博士研究員、大阪大学産業科学研究所・助教授、英国ケンブリッジ大学キャベンディッシュ研究所・客員研究員などを経て、現在に至る。

著書に『夢をかなえる人生と時間の法則』（PHP 研究所）、『動かして実感できる三次元原子の世界』（工業調査会）、『これならわかる電子顕微鏡』（化学同人）、『意識情報エネルギー医学』（エンタプライズ）、訳書に『時間の波に乗る 19 の法則（アラン・ラーキン著）』（サンマーク出版）、監修に『こころの癒し』（出帆新社）他。

http://www.k4.dion.ne.jp/~tem

本書の刊行にあたり、総合法令出版の竹下祐治さんには様々な議論をいただき、金子尚美さんには原稿の編集からアドバイスまで、大変お世話になりました。ここに深く感謝申し上げます。

装丁：重原隆
組版：横内俊彦

視覚障害その他の理由で活字のままでこの本を利用出来ない人のために、営利を目的とする場合を除き「録音図書」「点字図書」「拡大図書」等の製作をすることを認めます。その際は著作権者、または、出版社までご連絡ください。

成功法則は科学的に証明できるのか？

2009年 2 月 5 日　初版発行
2009年 2 月24日　2刷発行

著　者　奥健夫
発行者　野村直克
発行所　総合法令出版株式会社
〒107-0052　東京都港区赤坂1-9-15
日本自転車会館2号館7階
電話　03-3584-9821㈹
振替　00140-0-69059
印刷・製本　中央精版印刷株式会社

ISBN978-4-86280-125-8

総合法令出版ホームページ　http://www.horei.com